沙与沫

[黎巴嫩]纪伯伦 著

黄少政 译

青海人民出版社

图书在版编目（CIP）数据

沙与沫 /（黎巴嫩）纪伯伦著；黄少政译. -- 西宁：青海人民出版社，2022.10
（纪伯伦的诗）
ISBN 978-7-225-06400-0

Ⅰ.①沙… Ⅱ.①纪… ②黄… Ⅲ.①散文诗—诗集—黎巴嫩—现代 Ⅳ.①I378.25

中国版本图书馆 CIP 数据核字（2022）第 173224 号

纪伯伦的诗
沙与沫
［黎巴嫩］纪伯伦　著
　　　　黄少政　译

出 版 人	樊原成
出版发行	青海人民出版社有限责任公司

西宁市五四西路 71 号　邮政编码：810023　电话：（0971）6143426（总编室）

发行热线	（0971）6143516/6137730
网　　址	http://www.qhrmcbs.com
印　　刷	陕西龙山海天艺术印务有限公司
经　　销	新华书店
开　　本	787mm×1092mm1/32
印　　张	4.875
字　　数	100 千
版　　次	2022 年 10 月第 1 版　2022 年 10 月第 1 次印刷
书　　号	ISBN 978-7-225-06400-0
定　　价	36.00 元

版权所有　侵权必究

纪伯伦·哈利勒·纪伯伦（Gibran Kahlil Gibran）（1883—1931）黎巴嫩诗人、作家、画家，阿拉伯现代小说、艺术和散文的主要奠基人，20世纪阿拉伯新文学道路的开拓者之一。

黄少政,毕业于上海外国语学院、四川大学。独立翻译学者,中国作协会员。著有《翻译的成色》,代表译作《为土地和生命写作》《敬畏群山》《刘三姐歌谣英译与演唱》《圣经·新约》。

译 序

1931年纪伯伦英年早逝，其作品迅疾在全世界传播。成为有史以来仅次于莎士比亚、老子的第三畅销诗人。

作为"艺术天才""黎巴嫩文坛骄子"，阿拉伯文学的主要奠基人，纪伯伦饱经颠沛流离、痛失亲人、爱情波折、债务缠身与疾病煎熬之苦。"文穷而诗工"。在为诗艺付出惊人孤独和一生苦难的代价之后，其作品获得了近东"智慧文学"特有的哲理性。这黄金般雍容高贵、彪炳千秋的文名，让他在短暂而辉煌的生命之旅中散发出庄严肃穆的救人淑世情怀，浸透着咏叹调式的浪漫与抒情。他步步设喻、句句玄思的独特风格，形成了一个充满巨大气场的诗歌传奇。

1923年，纪伯伦《先知》问世后第8年，我国现代知名作家谢冰心留美归来，完成第一个译本，在中国出版。自此以后，据学者马征2010年的统计，仅仅从1983年至2004年，国内以散文诗、哲理诗、诗集形式汇编的纪伯伦文学作品集至少有25种。其中，北京外国语大学的伊宏，大连外国语大学的李唯中编译出版过《纪伯伦全集》。单是两部英语著作，就有名家冰心、社科院外文所的钱满素、人民文学出版社的吴岩等介入译事，据此可以比较有把握地推断纪伯伦作品在中国传播应该也是一个天文数字。

纪伯伦作品首译发生在现代汉语形成期，后继译者，存在陈陈相因、故步自封、互相复制的现象，没有译出应有的如虹气势、铿锵节奏，以及庄严高贵、清晰生动的"纪伯伦风格"。作为纪伯伦作品的爱好者，新译纪伯伦《泪与笑》《先知》《沙与沫》，其主要原因是这三本著作蕴含了丰富的社会性和东方精神，不以情节为重，旨在抒发丰富的情感。在持续二十多年的准备工作后，我从三个层面展开，进行翻译。一是体味纪伯伦深湛的哲理，弦外之音，捕捉纪伯伦的语气和纪伯伦语言的古典意义上的清晰、高雅与瑰丽；二是把握音韵特点，将诗文的音乐性和吟咏的特质体现出来，力争复制出纪伯伦如歌的行板；三是通过多年的沉浸把味和吟咏、仿作与思考，力争在哲理解析和吟诵性两个方面有所作为，以期体现纪伯伦深邃的哲理内涵，以及其诗句的端庄大气、隽永寓意。此次新译也旨在全面反映白话文运动一个世纪以来当代汉语纯净酣畅、节奏铿锵的理想样貌，及其句法、词法、修辞在本土作家的精英创作和域外杰作翻译的双重培育和影响之下渐臻完善，不论状物拟人、哲理思辨，都追求达到淋漓酣畅、曲尽其妙的境地。这也是译纪伯伦最高的理想和追求。

多说两句《泪与笑》。纪伯伦在英美世界一纸风行，主要是其两部英语作品《先知》和《沙与沫》。《泪与笑》汇集了纪伯伦早期用阿拉伯语写作的主要散文诗53篇，最初发表在乡里艾敏·欧莱卜主持的《侨民报》上，在欧美世界并不受重视。原因有二：一是这些诗作写于纪伯伦20岁之前，嫌其年少；二是由于当时阿拉伯正经历类似中国五四新文化运动，阿拉伯语试图挣脱古典文学的羁绊，走向现代化，纪伯伦置身两大文学范式的转折点，其文学趣味、美学偏好、写作技巧更接近同时期中国的鸳鸯蝴蝶派，情词悱恻、哀怨满纸，不符合欧美译者的选本要求。但这种语言优美、情尚悲苦的美学趣味至今吸引了大量中国读者。然而，在英美世界，迟至1950年2月，《泪与笑》才由旅美阿拉伯学者H.M.Nahmad由阿拉伯语译入英语，依旧由诺普夫公司出版。

纪伯伦作为20世纪阿拉伯新文学道路的开拓者之一，与鲁迅、泰戈尔一样是近代东方文学走向世界的先驱。重译纪伯伦，让我们再一次体验诗歌的高贵与稀罕，欣喜地望着人类精神森林上空优雅游荡的精灵。

2022年8月于南宁学院

根据美国 Alfred·A·Knopf,Inc 1926 年第一版译出。

1

我永远行走在沙滩上,
脚下溅起缕缕细沙,泡沫不时扑上脚面。
潮水抹去了我的脚印,
风则把泡沫一一吹散。
唯一不变,直到永远的,
只有大海和海滩。

2

我曾用手捧起一把迷雾。
张开手,迷雾变成一只虫子。
合上手,张开再看,迷雾变成了一只小鸟。
重复如上动作,手心这一次站了一个人,满面忧伤朝天凝望。
一而再,再而三,依旧是一团迷雾。
这时耳边传来一阵凄美绝伦的歌声。

3

就在昨天我还认为自己不过是一个碎片,
在生命的空间不规则颤动。
而我现在明白了我就是生命的领域,
我的体内有节奏地颤动着所有生命的碎片。

4

他们苏醒过来,对我说,"人和人的世界不过是广袤无垠大海边无数海滩上的一粒细沙"。
我在梦中这样回答:"人才是那广袤无垠的大海。大千世界不过是我们海滩上的沙粒。"

5

只有一次我哑口无言,遇到一个人诘问我:"你是谁?"

6

第一个想起上帝的是天使。
第一个说起上帝的则是人。

7

远古时代,大海和林中的风还没有教会人类语言。
人类不过是一群身着羽翼四处游荡充满渴望的生灵。
怪兽斯芬克斯守口如瓶,
只有一次开口说道:"一粒沙就是沙漠。沙漠就是一粒沙。我们继续保持缄默吧。"
听了怪兽这道谜语,我大惑不解。

8

有一次我见到一张女人的面孔,我就能想象出她要生的孩子会是什么模样。

一个女人瞅了一眼,就能说出我的列宗列祖的形态样貌。

我现在希望自己尽可能完善。但是,除非我变成一颗住满智人的星球,我又有何能耐完善自己?

每个人难道不都想完善自己吗?

一颗珍珠就是一座痛苦建在一粒沙上的庙宇。

什么样的的愿望才建成了我们今天的肉体?需要多少沙粒?

上帝随手把我这片鹅卵石扔进这座妙不可言的湖中,水面上一时激起无数团涟漪。一旦我沉入湖底,我就悄无声响,一语不发。

9

主啊,让我静默下来,我就敢和黑夜一较长短。

10

我的灵魂与肉体一旦相爱，共结连理，我就获得了再生。

11

从前，我认识一个人，听觉极其敏锐，只是不会说话。他去打仗把舌头打坏了。
现在我才搞清楚他失语之前都打过哪些仗。我为他的死感到几分得意。
这世界太小，竟然容不下我们两个人同时存在。

12

我一言不发,仅仅躺卧在埃及的沙漠里。
寒来暑往,浑然不晓。
阳光使我再生,我起身行走在尼罗河岸上。
白天歌唱,夜晚进入梦乡。
此时太阳仿佛用一千只脚践踏我,我只想回到埃及的沙漠。
看吧这真是个奇迹,一道谜。太阳一旦收拢,就无法再一次把我打散。
于是我依然健步行走在尼罗河的河岸上。

13

记忆是一种重逢。
遗忘则是一种自由。

14

有人靠观察无数个太阳的升起陨落测定时间,有人搬弄口袋里的小玩具就能预卜世间。现在就请告诉我:真的就能相遇在同一时间同一地点?从银河之窗俯瞰下界,太空可没有地球到太阳之间那么遥远。

15

人类是一条光组成的河流,从远古时代流向永恒。

16

居住在以太之中的精灵,
难道还会艳羡人类的苦痛吗?

17

朝觐的路上,我碰到一位香客,就上前打探,"走这条路肯定能到圣城吗?"他说,"跟我走吧。只需要一天一夜,我们准能到达圣城"。我听信他的话,走了许多时日,也没见到圣城的影子。哪曾想,诳了我,他倒先生气了。"主啊,我宁愿让狮子抓去吃了,也不愿意瞎忙活了半天,只逮住一只兔子。"

18

除非经过黑夜的道路,人无法到达黎明。

19

屋宇对我说:"千万别弃我而去。你的过去不也住在这里吗?"
道路对我说:"跟我走吧。我就是你的未来。"
我对他们的回答是:"我既没有过去,也没有未来。不管你走还是留,去即是留,留即是去。只有死亡和爱在改变一切。"

20

生活毕竟是公正的。我不会失去信心。君不见那些安卧在羽毛床垫之上的阔人,并不见得比席地而卧的穷人,做出更美丽的梦。奇怪,追求逸乐的欲念经常令我痛苦不安。

21

我鄙夷自己的灵魂至少有七次之多。
头一次她别有所图故作谦恭。
第二次我瞥见她在残疾人面前跛行。
第三次人们要她在难易之间做一择决。她就易非难。
第四次,做了错事,不思悔过却自慰人非圣贤。
第五次她明明是软弱隐忍,却辩解说自己饶人有量。
第六次她居然嫌别人长得丑陋,而丑陋不也正是她自己的一张脸谱?
第七次她阿谀奉承,却自恃为美德。

22

我对终极真理一无所知。在我的无知面前,我满怀谦卑。
这既是我的荣耀,也是我的报偿。

23

一个人的想象与其成就之间存在巨大的鸿沟,惟有渴望能填平。

24

天堂就近在咫尺,就隔着一道门,就隔着一堵墙。
可惜我把钥匙弄丢了。
还是我把钥匙放错了什么地方?

25

既然你什么都看不见,我呢,又聋又哑,我们彼此还是手牵手,相互了解吧。

26

人的价值不在于他获得怎样的成就,而在于他向往什么成就。
有些人如同墨水。有些人则像纸。
如果不是因为墨黑,有些人就得失聪。
如果不是因为纸白,有些人就得失明。

27

给我一只耳朵,我还你一道声音。

28

人脑似海绵,心则如流水。
难怪,多数人喜欢吮吸不止,而不是流动不止。

29

人向往难以名状的福分,所悲居然不知所以然,他在和万事万物一道生长,向着自己的大我迅速飞升。

30

人为了某一愿景而陶醉,即使他无从说清这愿景究竟为何,都会自诩饮到了真正的美酒。

31

你喝酒是为了一醉方休。而我饮酒,是为了从另外一道醉酒中醒来。

32

酒杯已空,我听任不再续酒。斟了一半,我又耿耿于怀。

33

真正了解一个人,不是去看那显示给你的为人的那一半,而是要看他刻意隐瞒的那一半。
不要听他的娓娓之声。要学会听他弦外之音。

34

我的话一半都没有什么意义。但是,我还是会说出来。说不定,另外一半你能听进去。

35

所谓幽默感,就是拿捏分寸恰到好处。

36

人们居然夸我多么健谈,而把沉默视为弱点。我岂能不寂寞?

37

生命找不到歌手唱出心中的歌。于是出了个哲学家,谈论人生。

38

真理总会为人知晓的。间或有人道出一星半点。

39

真我总是缄默，而假我永远喋喋不休。

40

我内心深处的呼声永远无法传到你的耳朵。我们不停地说来说去。这样我们彼此都不寂寞。

41

两个女人说得天花乱坠,其实什么也没说。只剩一个女人,她才会道出实情。

42

青蛙比牛叫唤得更响。但是青蛙不会犁地,也不会转动风车的叶轮。青蛙皮更不能制鞋。

43

木讷的人就很羡慕能说会道的人。

44

冬天说:"春天在我心中",冬天的话你信吗?

45

一粒种子代表一种渴望。

46

真正把眼睛开,万事万物中都能看到你的影像。如果你洗耳恭听,同样从万事万物中听到自己的回声。

47

发现真理需要两个人,一个说出真理,另一个探究真理的意义何在。

48

任凭言语的波涛不断冲激,我们内心深处丝毫没有触及。

49

理论多像一扇窗户。我们透过它看到真理,但也把真理同我们隔绝起来。

50

我们来躲迷藏吧。要藏就藏进我心里,我就不难找到你。要是藏在你的壳后面,找到你又有何益?

51

女人浅笑倩兮,掩饰自己的内心。

52

高贵的人忍住悲伤,却和欢愉的众人唱起欢愉的歌。

53

懂得女人心,剖析天才的大脑,解释科学之谜——三中得一者,美梦成真,踌躇满志坐在早餐桌旁。

54

有人行走我就一同行走。绝不会看着队列从我面前走过。

55

有恩于你的人,你欠他就不单单是金钱。以心换心,以恩偿恩吧。

56

不,我们并没有在人世间白白走过。那些人不正是用我们的白骨垒砌座座高塔吗?

57

我们别再吹毛求疵,你争我抢了。诗人的心和蝎子的尾巴都是从大地上升腾而起,且无比高傲。

58

哪里有龙,哪里就会有屠龙的圣乔治。

59

一棵树就是一首诗,大地写在天上。人伐树造纸,然后记录人有多么空虚。

60

你一定要写作（惟有圣贤知道你为什么一定要写作），知识、艺术和乐感——三者缺一不可。所谓知识，就文字内在的韵律感知而言。所谓艺术，艺出天然，病在工巧。所谓乐感，像着魔一样热爱自己的读者。

61

他们在我们的心上蘸上墨水，以为自己终于来了灵感。

62

树要为自己立传，写法迥异于我们人类。

63

如果要我二选其一,到底是挑诗才还是诗已体验还未动笔就狂喜不已,我宁愿挑后者。这才是至文。你们看到了,我的邻居都看到了,我回回都挑错了。

64

诗不是用来表达看法的。毋宁说他是从滴血的伤口或者笑盈盈的口中唱出的歌。

65

文字永恒。写出来,讲出口,一定要知道他们何以如此生生不息隽永恒久。

66

诗人是遭黜的国王。坐在坍塌王宫的灰烬上,试图就用灰烬树起一个形象。

67

诗歌是一场交易,涉及到欢乐、痛苦和奇迹易来易去,间或掉掉书袋。

68

诗人要从心中找到诗歌之母是徒劳的。

69

有一次,我对一位诗人说:"诗人的价值须盖棺定论。"
他回答我:"确实死亡会揭开一切谜底的。虽说如此,你怎么知道我的价值?我心里还有很多诗歌未及吟咏出口,我想写的东西远比我已经发表的东西多得多。"

70

即使是在沙漠深处,你想歌颂美,也会赢得自己的听众。

71

诗歌是迷醉心灵的智慧。

72

智慧则是唱响在大脑里的诗歌。
如果我们能把人心迷醉,并在大脑里歌唱,
我们几近生活在上帝身边。

73

灵感的歌声经久不绝。灵感附体时无须说明。

74

我们给孩子唱起催眠曲,往往是在给自己催眠。

75

歌词不过是心灵盛宴上洒落的面包碎屑。

76

思考总是通向诗歌的绊脚石。

77

能把人心的静默唱出来,才是伟大的歌者。

78

嘴里塞满了食物,你如何一展歌喉?
手里抓的全是金块,又如何举手祈福?

79

传说夜莺歌唱爱情时,会用刺刺穿自己的胸口。
人类也是如此。否则,还有什么办法歌唱爱情吗?

80

春天姗姗来迟,于是天才仿着画眉唱了起来。

81

最神奇的精灵也无法回避物质需求。

82

疯子当上音乐家,不会比你我更逊色。只是他的乐器有时会跑点调,离点谱。

83

静静躺卧在母亲心上的歌,孩子脱口而出。

84

凡有所愿，皆有所圆。

85

我和另一个自我之间一直纷争不断。真相也许介于仲伯之间。

86

另一个自我总是为你的错蒙羞。能如此生于忧患，结局应该不坏。

87

一个人的灵酣睡不已,而肉体总是荒腔走板,哪里还会有什么灵肉之争?

88

抵达生命的核心,你才会发现婆娑世间的万种风情。哪怕你双目失明。

89

人活着只有一个目的:发现美。其他时间不过是在等待发现的间隙。

90

播下一粒种子,好歹大地会长出一株花。对着天空梦想吧。你的爱人就会出现。

91

你出生之日,正是恶魔寿终正寝之时。
这意味着你不必穿过地狱就能见到天使。

92

女人仅仅租借男人的心。很少有人拥有。
想要拥有,切不可出声嚷嚷。

93

轻轻地触动女人的手,一对情侣就会触到永恒的核心。
爱就是隔在相爱男女之间的一层面纱。

94

男人终生爱着两个女人。一个是她想象中的爱人。另一位还未及出生。

95

不原谅女人身上的瑕疵,就无法欣赏她身上的美德。

96

无法常新的爱,就会堕落为习惯,一种奴役。

97

热恋的情侣拥抱的只是他们之间的某种东西。他们并没有真正把对方拥在怀中。

98

爱与猜忌彼此连话都不说。

99

爱是一个闪光的字眼,一只闪光的手把它写在一张闪光的纸面上。

100

友谊永远是甜蜜的责任,绝不是任何意义上的机会。

101

不能无条件接受你的朋友,你又如何真正了解他的为人?

102

一个人最华贵的衣衫一定是由他人编制而成的。
同样你吃到最可口的饭一定是在他人的餐桌上。
你睡过最舒适的床来自他人的房间。
说说看,你怎能把自己和他人分得清清楚楚?

103

你的思想和我的感受无法对路。除非你不再算计来算计去。而我不再浑浑噩噩。

104

我们之间永远无法心心相印,除非我们之间使用的语言仅限于七个词。

105

不先把我的心击碎,我的心如何才能向你敞开?

106

只有大悲大喜,才能令你吐露实情。
吐露实情,你赤身在阳光下舞蹈。要么,你就背上了十字架。

107

造化如果听信我们多么快乐自足,河流就不再奔流入海。冬天就不再和春天更替轮转。如果它还相信我们如此推崇吝啬,还有多少人居然不被噎住,能喘过气来?

108

背对着太阳,你只能看到自己的影子。

109

白日阳光灿烂。入夜星辰闪烁。你自由了。
即使没有太阳,没有月亮星辰。你也自由了。
闭目塞听,一无所见,一无所听,你更自由了。
但你仍然是你的爱人的奴隶。不为别的,你就是爱他。
你仍然是爱你的人的奴隶。不为别的,他就是爱你。

110

来到神庙的门口,我们都是乞丐。王走进走出神庙,我们就在领受恩赐。
而我们居然还在彼此妒忌,疑心别人受到更大的恩赏。这样做不啻是对王的不敬。

111

即使有所奢好,未必就有福消受。另一半面包永远属于他人。再说,临时再来人,给他还得留点吃的。

112

不待客,家又与坟墓何异?

113

和善的狼对一只天真的羊说:"务必请您光临寒舍!"
羊对狼说:"你说的寒舍不正是你的肚子吗?不然,我们倒很愿意光顾。"

114

打开房门,我阻止客人说:"进来时不必擦脚了。出门时再擦吧。"

115

所谓慷慨,不是把别人需要的东西给予他人,而是要把你更需要的东西给予他人。

116

肯施与他人,善之善者。施与时,务必转过脸。绝不要看见受施者的羞赧。

117

富人与穷人区别在于富人经受不住一小时的干渴,而穷人却能饿上一整天不就食。

118

人总是在寅吃卯粮。借明天的,还昨天的。

119

天使和魔鬼,都造访过我。我一一打发了他们。
碰到天使,我就老生常谈,重复一句陈旧的祷告词。天使不胜其烦。
碰到魔鬼,我就故态复萌,把一桩旧罪再触犯一次。魔鬼径自走人。

120

说到底,这个监狱不算太坏。只是不喜欢这堵墙,把我和狱友隔绝开来。
但我无意腹诽典狱长或建造监狱的人。

121

你讨要鱼,别人却给了你一条蛇。也许他手里只有几条蛇。他这样做已属慷慨,难能可贵了。

122

诈术有时也会得逞。但是诈术毕竟是诈术。

123

你能原谅手上并没有溅血的凶手,从无偷窃过的扒手,从未撒过谎的骗子,诚属不易。
你的手指居然能够到善恶分割线,庶几已经碰到上帝的衣衫。

124

心是一座火山,你又如何指望鲜花在手中绽放?

125

如此耽于自欺欺人,我有时竟至于甘受伤害欺蒙,就是为了讪笑那些伤害或欺蒙我的人,他们还以为自己有多么高明,做的人不知鬼不觉。

126

这样的人我该说什么才好?明明在追求别人,却偏偏弄得像被人追求的样子。

127

拿你的衣袍擦手的人,把你的衣袍给他吧。他可能还会用得着。你肯定不会再用了。

128

放贷的人却不知如何打理好自己的花园。岂不可叹!

129

与生俱来的弱点,即使修来更多的美德,也无法漂白。就让我继续持有这些弱点吧。他们毕竟是我生命的一部分。

130

我居然经常认可我从未犯下的罪行。这样做,就是为了让真凶来到我面前时感到自如一些。

131

生命戴着面罩,这些面罩遮蔽着更深的人生奥秘。

132

人只能根据自己对自己的了解来判断别人。
现在就请告诉我:"你们当中谁到底有罪?谁到底是无辜的?"

133

真正的义人会把你做错的事自己揽上一半的责任。

134

白痴和天才才会破坏人的律法。他们和上帝离得最近。

135

人只有被人追逐才会变得身手矫健。
我却没有仇人。主啊,赐给我一个仇人吧。
他一定要和我均势力敌。
就让真理最后大获全胜吧。
和仇人同时咽气,你才会和他彻底同归于好。

136

人甚至会出于自卫而自杀。

137

从前就有一位笃行仁义、举世爱戴的高人,却因义罹难,被钉上了十字架。
说来奇怪,我昨天还一连三次见到了他。
头一次警察要抓一位风尘女子下狱,他上前说情。第二次他与一位流浪汉一起饮酒。第三次他在教堂里与一位公人大打出手。

138

如果人们关于善恶的说法全都属实,我只好坦陈我的一生都在犯罪。

139

怜悯之中包含着一半的正义。

140

只有一个人对我不义过,而我却对他的兄弟有过不义之举。

141

瞅见一个人被带往监狱,就在心里为他默默祈祷:"但愿原来的监狱都关不住他了。"
看见另一位烂醉如泥,就在心中为她默默祈祷:"兴许,他这样是在借酒浇愁。"

142

有时我的仇恨出于自卫。如果我强大一些,不应该诉诸仇恨才是。

143

试图用冷笑掩饰仇恨的人,岂不愚蠢之至?

144

只有不如我的人才有权妒忌我,恨我。
居然从来没有人妒忌我,恨过我。看来是个人都比我强。
只有那些比我强的人才有权赞美我,轻贱我。
居然从来没有人赞美过我,轻贱我。看来是个人都比我强。

145

你说你不理解我,这对我是莫大的赞美,但对您却是无故的侮辱。
我真是鄙俗不堪。人生给予我黄金,我给你不过是白银。我居然还以慷慨自诩。

146

抵达生命的核心时,你才会明白你比罪人好不到哪里。你比先知也差不到哪里。

147

怪哉!你会怜悯腿脚不方便的人,而不是脑子不好使的人。
眼睛不好使的人叫你难过,铁石心肠的人,你却无动于衷。

148

明智的跛子,就不会拿拐杖去敲打仇人的头。

149

施与你的人,掏的是自己的口袋,而不是自己的心,岂不瞎哉!

150

人生如同在队列中行进。腿脚太慢的人就会适时逸出。
腿脚矫健的人也会适时逸出,因为他嫌大家走得太慢。

151

如果世间真有罪孽,有些人倒循着先人的足迹,竟后造孽。
还有些人则一边喝斥着自己的孩子,一边争先造孽。

152

众人都称之为歹徒者必有可观之处。

153

凡人都在坐牢。有些人的囚室还有几扇窗户,而有些人的囚室连窗户都没有。

154

怪哉!人们为错辩解起来,如此起劲。没见过他们捍卫自己的权利也如此起劲。

155

如果我们彼此坦陈自己的罪孽,我们彼此会轻贱对方。何故?连作恶我们都如此缺乏创意。
同样,如果我们彼此坦陈自己的美德,我们彼此也会轻贱对方。何故?连修德我们都如此缺乏创意。

156

一个人除非先破坏了人间的习俗,否则,他无法超越人间的法律。一旦他这样做,就不会再高于或低于任何人。

157

政府是你与我之间的约定。而你我经常是错的。

158

罪恶或是需要的别名,或是疾病另一种象征。

159

一个人居然意识到他人的过失,还有比这更大的过失吗?

160

他人嘲笑你,你可以怜悯他。你要是嘲笑他人,你就不该原谅自己。

他人伤害你,你可以忘怀。你要是伤害他人,你就该念念不忘。

其实他人正是你的另一个自我,不过是寓居在另一副肉体之中。

161

你真粗心大意！一毛不拔，也要别人和你一起飞翔？

162

一次一位仁兄坐在我的桌旁，吃光我的面包，喝光我的酒，然后扬长而去，一边嘲笑我如此吝啬。后来他再一次朝我讨要面包和酒，我拒绝了他。天使一起嘲笑我。

163

仇恨真是该死。你们当中居然有人愿意自己是一座活坟墓吗？

164

被害人有福了,他并没有害人。

165

人类真正的法庭是一言不发的良心,而不是夸夸其谈的大脑。

166

我不愿意为了金钱出卖光阴,他们就把我视为疯子。他们竟然以为我的光阴也可以标价出售。他们真疯了。

167

他们把各种财宝，金子啊、银子啊、象牙啊、乌木啊，一一展示在我面前，向我示威。我则以心胸和气魄予以回击。
然而，他们仍然认为他们在做东，而我们不过是客人。

168

我绝不愿成为徒有梦想和欲望的小人。我宁愿自己成为没有任何梦想和欲望的伟人。

169

最可叹的人连梦里梦到的不是金子就是银子。

170

我们大家都在朝自己心中的峰顶攀爬。如果有人偷走你的行囊、钱包,这只会增加他的负累,此人岂不可怜?
但是肉体上的负累都够他呛,路途显得更加遥不可及。
如今你轻装上阵,能援之以手,你的脚步只会走得更快。

171

你只能根据自己对他人的了解判断他人,而你对他人的了解竟是如此可怜!

172

征服者得了便宜再卖乖:对被征服者传道,叫我如何消受?

173

真正自由的人会默不作声背负奴隶身上的担子。

174

一千年前,我的邻里对我说:"我仇恨生命。生命除了痛苦还是痛苦。"
昨天从墓场走过。我看见生命之花在他坟前舞姿翩翩。

175

大自然中物种竞争不过是混乱在寻求秩序。

176

孤独是一场寂静的风暴,不动声色吹落一切残枝枯叶。却把活着的根茎深植在活生生大地的深处。

177

一次我对小溪说起大海,小溪以为我在吹牛,胡思乱想。
另一次我对大海谈起小溪,大海则认为我在搬弄是非,别有用心。

178

蚂蚁把自己为生计日夜忙碌看得高尚无比,为此极度鄙夷只知道歌舞不休的蚱蜢。如此眼光该是多么短浅狭隘!

179

某一个世界里最高的德行,换个地方,也许一文不值。

180

高深的东西沿直线或高升或下降。只有宽阔广大的东西可以做圆周运动。

181

如果不是因为我们掌握了重量和长度的概念,面对太阳和面对萤火虫,我们都会吓得不知所措。

182

科学家失去想象力,就如屠夫拿钝刀割肉,拿废旧的天平给顾客称肉。
你怎么办?毕竟我们不都是吃素的?

183

你只要唱起来,饥肠辘辘的人拿胃在听。

184

死亡离老者和新生儿,都是须臾间的事。生命亦然。

185

如果你想开诚布公,就痛快一点。否则,还是闭嘴为佳。隔壁有人已奄奄一息。

186

人间的葬礼也许就是天使的筵宴。

187

一桩现实,被人遗忘,就会在遗嘱留下七千件实情实事。举办葬礼、修坟,都能派上用场。

188

我们经常说话在说给自己听。有时抬高声音也是想让别人也能听到。

189

最明显的事情我们往往熟视无睹。除非有人提醒我们,否则就是看不到。

190

如果银河不在我心中,我又如何看得见?我又凭什么得知这件事?

191

除非我是名医,他们凭什么相信我就是天文学家?

192

大海对贝壳的定义也许就是因为它出产珍珠。
时间对煤的概念也许就是因为钻石和煤一样闪闪发光。

193

名声就是站在光线当中的热情。

194

根茎是鄙夷名声的花朵。

195

宗教不能代替美。科学无法解释美。

196

我所知道的伟人身上都有某种渺小的东西。是故,伟人们才不会惰懒、发疯或自杀。

197

真正的伟人无意统御他人。也不想受制于任何人。

198

一个人连罪犯和圣人都格杀勿论。你还能说这个人很平常吗?

199

容忍是对傲慢不再耐烦的相思病。

200

虫豸惹急了也会反抗。难怪大象有时也会服软。

201

和而不同有时恰恰是连接两心之间的捷径。

202

我是火焰,也是枯枝。燃烧别人。也把自己燃尽。

203

我们各自寻找通向神山山巅的路径。如果把过去仅仅视作路线图,而非指南,路程能否大大缩短?

204

一旦骄傲到了不会哭的地步,庄严到了不会笑的地步,自满到了眼中无人的地步,智慧就不再称为智慧了。

205

你知道的东西,我无一不知。你不知道的东西,我还有什么多余的空间去容纳?

206

从夸夸其谈的人那里,我学会了沉默是金。从心胸偏狭的人那里,我学会了饶人是福。从刻薄之辈那里,我学会了仁慈待人。奇怪,对这样的老师我并不领情。

207

顽固的人说个不停,别人说什么也听不进。

208

善妒者,哪怕不出声,别人也会听得出他心底的喧嚣。

209

终于抵达知识的底端,那也是你感觉的起点。

210

夸张是发起脾气的真理。

211

如果你看到的仅限于光线所示,听到的限于声波所传,你其实所见所闻极为有限。

212

事实就是没有性别之分的真相。

213

一个会大笑的人绝不会是个生性刻薄的人。

214

我最喜欢的两个人：一位丢了国王宝座的国王。一个不会屈膝乞食的穷人。

215

羞涩的失败比骄傲的成功愈显高贵。

216

只要肯掘，哪里都能挖到财宝。但你也得像一个农夫，掘得有模有样。

217

狐狸后面跟了 20 个猎人，20 只猎狗，紧追不舍。他不无悲壮地说："这帮家伙早晚会把我杀死。多么滑稽！如果有 20 只狐狸骑着 20 只驴子，身边还围着 20 只豺狼壮胆，如此排场不过是追杀一个人，这就真不值当啊！

218

是人的思想算计来算计去，才会屈从人为的法律。人的精神绝不会就范。

219

我既是旅行者，也是航海者。每天都在自己的灵魂中发现一片新大陆。

220

一个妇人争辩道:"这场战争一定是正义的。我的儿子就在这场战争中阵亡的。"

221

我对生命说:"我想要听听死亡的声音。"这时生命略微提高嗓门,说:"你现在不正在听死亡讲话吗?"

222

解开了生命所有的谜底,你会向往死亡的来临。因为死亡本身就是一个谜。

223

生死是勇敢最高贵的两种表现形式。

224

朋友,你我终其一生都无从了解生命为何物
也不会了解对方。甚至连自己是谁也茫无头绪。
直到有一天你开始说话我在倾听。
你把你的声音当成我的声音。而我,来到你面前
恍如自己站在一面镜子前。

225

他们对我说:"学会自知之明,你就会了解所有的人。"我回答说:"我了解所有的人,才会获得自知之明。"

226

人其实都一分为二:一半在黑暗中醒着。另一半在阳光下酣睡。

227

隐士厌弃的是一个残缺不全的世界。他这样做是为了不受搅扰享用一个完整无缺的世界。

228

学者和诗人之间横亘着一片绿地。学者跨越了这片绿地,就成了智者。而诗人一旦跨越了它,摇身一变,就成了先知。

229

昨天我在集市上看到哲学家,手挽着盛自己头颅的篮子,大声叫卖:"卖智慧了!甩卖了!甩卖智慧了!"可怜的哲学家!非要出卖自己的头颅才能养活自己的心灵。

230

哲学家对扫街人说道:"真可怜!看看你干的这活计,又累又脏。"扫街人领了他的情,说:"说的也是。先生,那么告诉我,你干的是什么活计?"哲学家回答说:"我研究人的思想、行为和欲望。"扫街人继续扫街,一边笑着说:"罢了罢了。干这活你不也是挺可怜的吗?"

231

倾听真理的人像说出真理的人一样高贵。

232

必需品还是奢侈品?谁能说清?天使能说清吧。天使充满智慧。天使并不满足现状。

233

也许天使是我们在空间更好的思绪。

234

能在托钵僧心中找到自己王位的人,才是真王子。

235

倾其所有给予他人,是谓慷慨。领受时不到万不得已不受,是谓骄傲。

236

其实你不欠任何人。但你确实亏欠了所有的人。

237

古人们其实也和我们生活在一起。我们应该殷勤待客才是。

238

愿望最多的人最长寿。

239

他们对我说："手中一只鸟,胜过林中十只鸟。"
我不能苟同。"林中一只鸟再加上一片羽毛胜过手中十只鸟。"
追求羽毛就是在追求脚下生翼的生活本身。

240

人生只有两大元素：美与真理。情人之间有爱就有美。而大地耕耘者的臂怀拥有真理。

241

大美摄人心魄。而更大的美却把我从中解放了出来。

242

美在向往者的心中比在目睹者的心中闪烁更加耀眼的光芒。

243

我爱慕对我倾心的人,我尊崇对我倾诉梦想的人。但是面对有恩于我的人,我却显得羞羞答答,甚或如此小气?

244

过去才华横溢的人都以侍奉王子为荣。
如今他们宁愿为贫民谋取幸福。

245

天使们都清楚这一点:许多讲求实际的人,
偏偏在享受梦想者的劳动果实。

246

机智常常是面具。撕开面具,你看到的要么是天才被激怒了,要么只是一个耍小聪明的小角色。

247

聪明把聪明归功于我。愚蠢也会把愚蠢归咎于我。我想它们都没说错。

248

只有那些心中有同样秘密的人才会猜透我们心中的秘密。

249

那些只愿意和你同甘,却不能共苦的人,就没法拿到通向天堂七枚钥匙中的一枚。

250

是的。确实有涅槃这回事。把羊赶到青葱的草场,催孩子入眠,最后一行诗终于写完。这样的时刻不正是极乐吗?

251

从未体验过什么是欢乐,什么是忧伤之前,我们就已经选定了他们。

252

悲伤不过是隔在两座花园中间的一堵墙。
当忧伤或欢乐变得强烈起来,周围的世界便会顿时渺小。

253

愿望构成了一半的人生。冷漠则构成了一半的死亡。

254

今天的忧伤最叫人不堪的便是忆起昨日的欢乐。

255

他们对我说:"你必须二选其一,要么在今世花天酒地,要么去来世安享宁静。"我回答说:"我既要现世的种种逸乐,也不愿放弃天堂的好处。我心里非常明白最伟大的诗人也只能写出一首好诗。音调协和,韵律完美。"

256

信仰是一片绿洲,思想的驼队永远无法抵达。

257

攀上人生的峰顶,此时,你只能为向往而向往,为饥渴而饥渴,换言之,惟有追求更大的愿望才能慰藉所有已获满足的愿望。

258

如果你把心中的秘密透露给了风,就不应该怪罪风说给树听。

259

春花是冬日的梦想,天使们早餐时经常会谈起。

260

鼬鼠对月下香说:"看我跑的有多快!看看你只能在地上爬来爬去。"
月下香回答说:"尊贵的运动员,快点从我面前消失吧。"

261

乌龟比野兔能告诉我们更多关于道路的情况。

262

奇怪的是,无脊椎动物总会长出最坚硬的外壳。

263

最能夸夸其谈的人智商最低。演讲家和拍卖师就有得一拼。

264

你不必靠父亲的名气或者叔叔的财富来过活,你应该感激才是。最重要的是,不会有任何人坐吃你的名声或遗产混日子。

265

耍杂技的只有在没接住球的时候才会引起我的注意。

266

妒忌我的人在不知不觉赞美我。

267

很久很久以前,你一直就是母亲睡眠中的一个梦。
后来她一觉醒来,生下你来。
人类繁衍的胚芽就在母亲的梦乡之中。

268

父母亲都希望有个孩子。于是他们生下了我。
我希望有个父亲,有个母亲。于是就生出了黑夜和大海。

269

有的孩子证明父母没有虚度此生。有些孩子却叫父母后悔不迭。

270

夜晚来临,你心绪不佳。别犹豫干脆躺下身去。清晨,如果仍然心绪不宁,干脆起身对白天说一声:"我今天心绪依然不佳。"

271

非要白天黑夜扮你希望的角色,真是愚不可及。白昼嘲笑你。黑夜同样会嘲笑你。

272

雾中的山峰并没有变成丘陵。雨中的橡树也不是做哭泣状的垂柳。

这里有个悖论。高大深湛的东西往往显得更容易亲近。而介于之间的东西,高不成低不就,反而显得离得更远。

273

我化成一面镜子站在你面前,你端视着我,看出你自己的影像。这时你说:"我爱你。"其实你爱的只是我身上的你自己。

274

你连邻里都爱,爱不再是爱。
不能出其不意的爱已经奄奄待毙。

275

一个人无法兼有青春与关于青春的知识。青春总是忙于求知。而知识正汲汲于探寻自我。你坐在窗边望着行人匆匆走过。这时一个女尼来到你的右侧,而一位妓女来到你的左侧。

276

无意中你可能会说："这位女尼该是多么高贵！而那位妓女又该是多么下贱！"这时你闭上双眼，仔细倾听，从空中传来一道声音："这两位女子各有各的原委。一位是要向我祷告。另一位有苦楚需要倾诉。二人心中，都已备好我所需要的凉亭。"

277

每隔一百年拿撒勒城的耶稣就会在黎巴嫩的山中某处花园与基督徒的耶稣密会。他们谈了很长时间，分手时，前者会对后者说："朋友，就此打住吧，恐怕我们再谈下去，也无法谈拢。"

278

愿上帝还能填饱那些巨富富豪们的餍足吧。

279

伟人们都有两颗心：一颗心在流血，另一颗心在隐忍。

280

如果有人打了妄语，却并没有伤害任何人，你为何还要说他用来盛放事实的房间太局促，已经容不下他自己的想象，他最好换一间大一点的房间。

281

每一扇紧闭的门，都藏有一个秘密，且加了七道封条。

282

等待是时间的蹄印。

283

如果麻烦就是你屋宇东墙上新开的那扇窗户,你又如何处置?

284

和你一起大笑过的人,你也许不会记起。和你一起失声痛哭过的人,你绝不会忘记的。

285

盐分中定有某种神圣的东西。因为盐分出现在我们的泪水中,蕴含在汪洋大海中。

286

仁慈的主干渴难忍,就会把我们一饮而尽,连同雨露,连同泪水。

287

每个人身上都有一个巨我,现实中的我不过是巨我的一个碎片,一张寻找食物的嘴,一只盲目的手,紧紧握住解渴的水杯。

288

一个人超越众人、祖国、自我,哪怕只有一个刻度,庶几近于神。

289

我是你,我绝不会在大海低潮的时候抱怨潮位太低。

290

我们的船况很好,船长也很能干。只是你的胃口有些紊乱。

291

端坐在云间遨游,国家之间的分界线就不会那么清晰可辨,庄园之间的界石也不知所踪。
真可惜,我们无法坐在云头遍观这些恩恩怨怨的来龙去脉。

292

七百年前有七只白鸽从深谷飞起,朝一座白雪皑皑的山顶逶迤飞去。目睹这一景象,古时著名的七贤之一说道:"第七只白鸽的羽翼上有一个黑色斑点。"如今,生活在这个深谷中的人们都说有七只黑鸽从他们头顶飞过。

293

秋天我把我的忧伤一一收集起来,并把它们埋葬在花园里。春天来临,和大地再结姻缘,花园长出一片美丽的鲜花,煞是可爱。
邻里见了,纷纷对我说:"秋天播种的时节,能否就把你花园里生长的这些鲜花的种子分予我们?"

294

我摊开手掌,什么东西都没有讨到,固然悲惨。但是如果我双手盈满,摊开却没有任何人索要,你就会体会到什么是绝望。

295

我向往永恒。惟愿我在那里能遇见我的无字好诗,未绘之图。

296

艺术是从自然迈向永恒的小小的一步。

297

所谓的艺术品就是把不可把握的迷雾雕刻成具体可感的形象。

298

双手哪怕用荆棘编织王冠,也比游手好闲无所事事强。

299

我们最神圣的泪水,从来就不借我们的眼睛流出。

300

每个人都有过先祖。要么做过国王,要么做过奴隶。

301

耶稣的曾祖父,如果知道了这孩子竟心怀如此锦绣之才、鸿鹄之志,该不会一激动难以自持,对自己顶礼膜拜起来?

302

难道犹大的母亲就应该比玛丽对耶稣的爱稍减分毫吗?

303

吾兄耶稣还有三桩奇异事迹未及录入圣经:第一,他是一个凡人,如同你我。第二,耶稣很有幽默感。第三,他至死都很明白他死得其所,虽败犹胜。

304

耶稣啊,他们把你深深钉在我心上。铁钉穿过你的手掌,直抵我的胸膛。明天有生人路过各各他①,他不会知道就在各各他曾经有两个人为世人殉难。他还以为只有一个人在此罹难。

---

① 耶稣被钉死在十字架的地方。

305

你想必听说过神山的故事,神山是世界之最。来到这世界之巅,每个人只有一个愿望:赶快下山去,和山下的人一同生活。这就是神山的由来。

306

每一个囚禁在言语中的想法,我都要借助行动去释放。